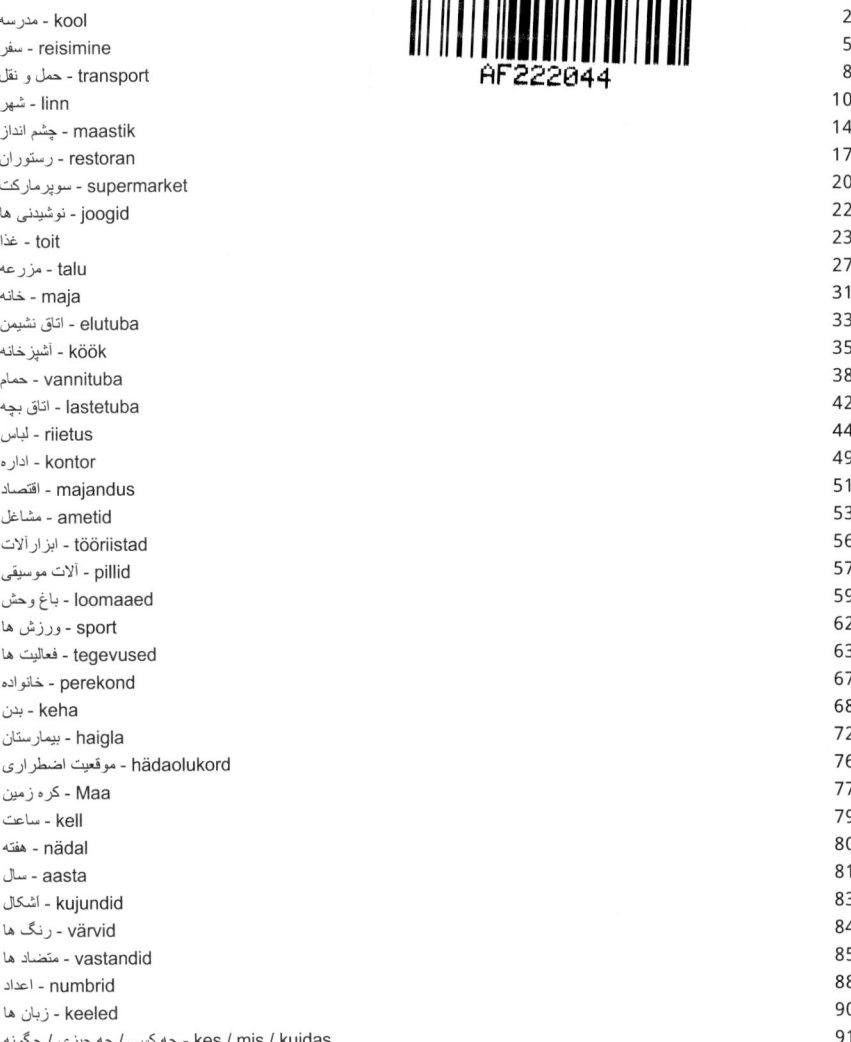

AF222044

Impressum
Verlag: BABADADA GmbH, Nedderfeld 112 , 22529 Hamburg
Geschäftsführer / Verlagsleitung: Harald Hof
Druck: Books on Demand GmbH, In de Tarpen 42, 22848 Norderstedt

Imprint
Publisher: BABADADA GmbH, Nedderfeld 112 , 22529 Hamburg, Germany
Managing Director / Publishing direction: Harald Hof
Print: Books on Demand GmbH, In de Tarpen 42, 22848 Norderstedt, Germany

مدرسه
kool

کلاس درس
klassiruum
تقسیم کردن
jagama
186/2
تخته
tahvel
koolihoov
معلم
õpetaja
کاغذ
paber
نوشتن
kirjutama
خودکار
pastapliiats
میز تحریر
kirjutuslaud
خط کش
joonlaud
کتاب
raamat
دانش آموز
õpilane

کیف مدرسه

koolikott

جامدادی

pinal

مداد

harilik pliiats

تراش

pliiatsiteritaja

پاک کن

kustukumm

دفتر رسم

joonistusplokk

طراحی

joonistus

قلم مو

pintsel

جعبه ی آبرنگ

värvikarp

قیچی

käärid

چسب

liim

کتاب تمرین

töövihik

تکلیف خانه

kodutöö

رقم

number

جمع کردن

liitma

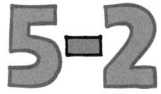

تفریق کردن

lahutama

ضرب کردن

korrutama

محاسبه کردن

arvutama

A

حرف الفبا

täht

ABCDEFG
HIJKLMN
OPQRSTU
VWXYZ

الفبا

tähestik

کلمه

sõna

متن

tekst

خواندن

lugema

گچ

kriit

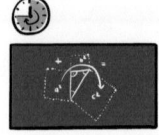

درس

koolitund

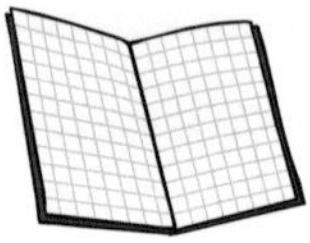

ثبت نام

klassipäevik

امتحان

eksam

مدرک رسمی

tunnistus

لباس مدرسه

koolivorm

تحصیلات

haridus

دانشنامه

entsüklopeedia

دانشگاه

ülikool

میکروسکوپ

mikroskoop

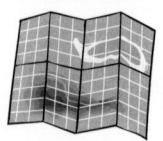

نقشه

kaart

سبد کاغذ باطله

paberikorv

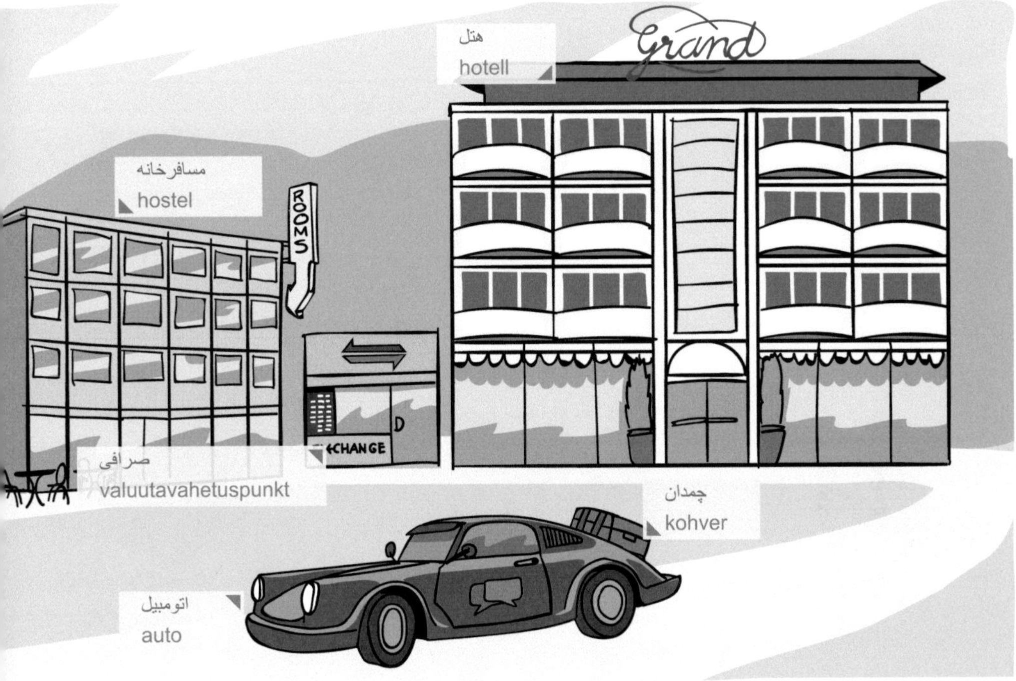

هتل
hotell
Grand
مسافرخانه
hostel
ROOMS
صرافی
valuutavahetuspunkt
CHANGE
چمدان
kohver
اتومبیل
auto

زبان

keel

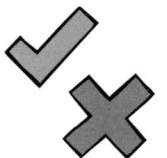

بله / خیر

jah / ei

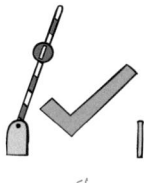

اکی

okei

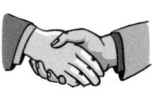

سلام

Tere!

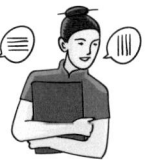

مترجم

tõlk

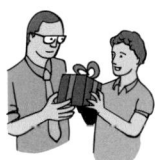

ممنون

Aitäh!

قیمت ... چه قدر است؟

Kui palju maksab ...?

من متوجه نمی شوم

Ma ei saa aru

مشکل

probleem

عصر بخیر! / شب بخیر!

Tere õhtust!

صبح بخیر!

Tere hommikust!

شب بخیر!

Head ööd!

خدانگهدار

Head aega!

جهت

suund

بار سفر

pagas

کیف

kott

کوله پشتی

seljakott

مهمان

külaline

اتاق

tuba

کیسه خواب

magamiskott

خیمه

telk

مرکز راهنمای گردشگران

turismiinfo

ساحل

rand

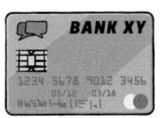

کارت اعتباری

krediitkaart

صبحانه

hommikusöök

نهار

lõunasöök

شام

õhtusöök

بلیط

pilet

آسانسور

lift

مهر

postmark

مرز

riigipiir

گمرک

toll

سفارتخانه

saatkond

ویزا

viisa

گذرنامه

pass

حمل و نقل

transport

هواپیما
lennuk
کشتی
laev
ماشین آتش نشانی
tuletõrjeauto
اتوبوس
buss
کامیون
veoauto
قایق موتوری
mootorpaat
دوچرخه
jalgratas
اتومبیل
auto

کشتی مسافربری

praam

قایق

paat

موتورسیکلت

mootorratas

ماشین پلیس

politseiauto

ماشین مسابقه

võidusõiduauto

ماشین کرایه ای

rendiauto

به اشتراک گذاری اتوموبیل

ühisauto

جرثقیل

puksiirauto

ماشین حمل زباله

prügiauto

موتور

mootor

بنزین

kütus

پمپ بنزین

tankla

تابلو راهنمایی و رانندگی

liiklusmärk

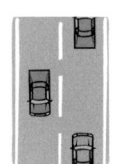

عبور و مرور

liiklus

ترافیک

liiklusummik

پارکینگ

parkla

ایستگاه قطار

raudteejaam

ریل راه آهن

rööpad

قطار

rong

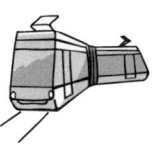

قطار برقی

tramm

واگن

vagun

هلیکوپتر

helikopter

فرودگاه

lennujaam

برج

torn

مسافر

reisija

کانتینر

konteiner

کارتن

pappkast

گاری

käru

سبد

korv

به پرواز درآمدن / فرود آمدن

õhku tõusma / maanduma

شهر

linn

دهکده

küla

مرکز شهر

kesklinn

خانه

maja

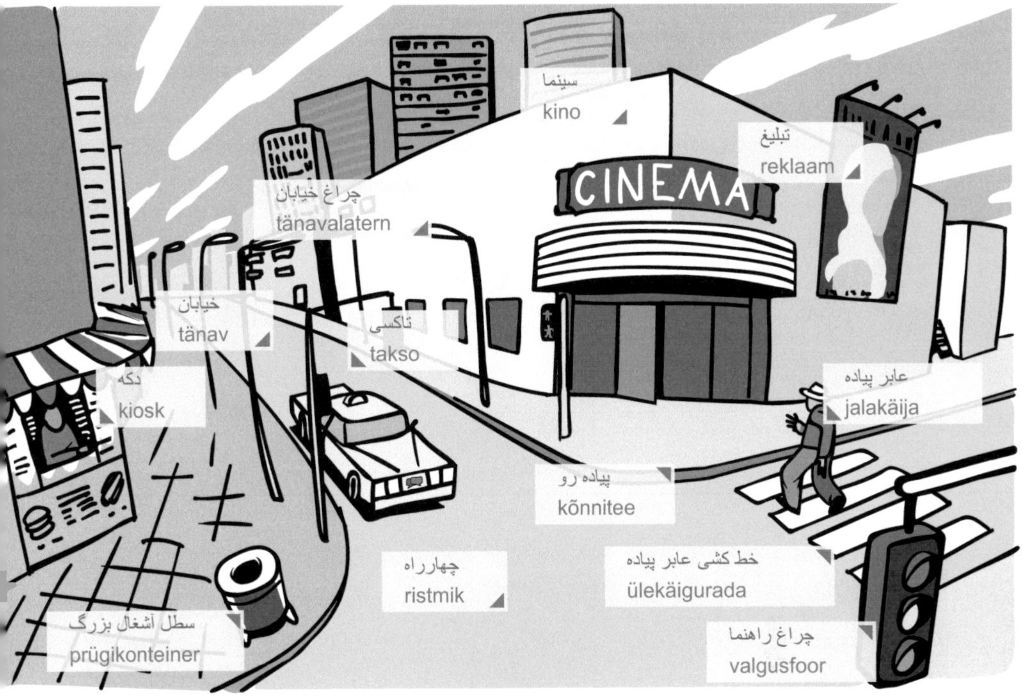

سینما
kino
تبلیغ
reklaam
CINEMA
چراغ خیابان
tänavalatern
خیابان
tänav
تاکسی
takso
دکه
kiosk
عابر پیاده
jalakäija
پیاده رو
kõnnitee
چهارراه
ristmik
خط کشی عابر پیاده
ülekäigurada
سطل آشغال بزرگ
prügikonteiner
چراغ راهنما
valgusfoor

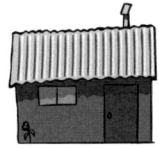

کلبه

osmik

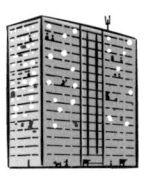

آپارتمان

kortermaja

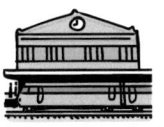

ایستگاه قطار

raudteejaam

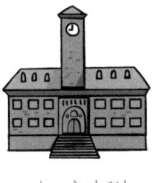

ساختمان شهرداری

raekoda

MUSEUM

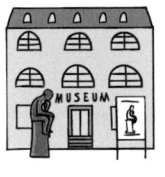

موزه

muuseum

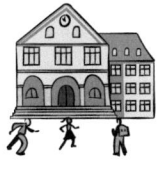

مدرسه

kool

دانشگاه

ülikool

بانک

pank

بیمارستان

haigla

هتل

hotell

داروخانه

apteek

اداره

kontor

کتابفروشی

raamatupood

مغازه

kauplus

گل فروشی

lillepood

سوپرمارکت

supermarket

بازار

turg

فروشگاه بزرگ

kaubamaja

ماهی فروش

kalapood

مرکز خرید

kaubanduskeskus

بندر

sadam

پارک

park

نیمکت

pink

پل

sild

پله

trepp

مترو

metroo

تونل

tunnel

ایستگاه اتوبوس

bussipeatus

میخانه

baar

رستوران

restoran

صندوق پست

postkast

تابلوی خیابان

tänavasilt

دستگاه پارکومتر

parkimisautomaat

باغ وحش

loomaaed

استخر شنای عمومی

ujula

مسجد

mošee

مزرعه

talu

آلودگی محیط زیست

reostus

قبرستان

surnuaed

کلیسا

kirik

زمین بازی

mänguväljak

معبد

tempel

چشم انداز

maastik

برگ
leht
تابلوی راهنمای مسیر
teeviit
راه
tee
چمنزار
aas
سنگ
kivi
راه نورد
matkaja
درخت
puu
رودخانه
jõgi
چمن
rohi
گل
lill

دره

org

تپه

mägi

دریاچه

järv

جنگل

mets

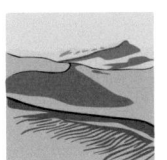

بیابان

kõrb

کوه آتشفشان

vulkaan

قلعه

linnus

رنگین کمان

vikerkaar

قارچ

seen

درخت نخل

palm

پشه

sääsk

مگس

kärbes

مورچه

sipelgas

زنبور

mesilane

عنکبوت

ämblik

سوسک

mardikas

قورباغه

konn

سنجاب

orav

جوجه تیغی

siil

خرگوش صحرایی

jänes

جغد

öökull

پرنده

lind

قو

luik

گراز

metssiga

گوزن نر

hirv

گوزن شمالی

põder

سد آب

pais

توربین بادی

tuuleturbiin

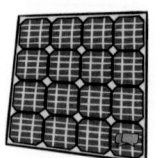

صفحه ی خورشیدی

päikesepaneel

آب و هوا

kliima

رستوران
restoran

kelner
منوی غذا
menüü
صندلی
tool
سوپ
supp
پیتزا
pitsa
سرویس کارد و قاشق و چنگال
söögiriistad
رومیزی
laudlina

پیش‌غذا

eelroog

غذای اصلی

pearoog

دسر

magustoit

نوشیدنی ها

joogid

غذا

toit

بطری

pudel

فست فود

kiirtoit

اغذیه خیابانی

tänavatoit

قوری

teekann

قندان

suhkrutoos

پُرس غذا

portsjon

دستگاه اسپرسو

espressomasin

صندلی پایه بلند غذاخوری بچه

lastetool

صورتحساب

arve

سینی

kandik

چاقو

nuga

چنگال

kahvel

قاشق

lusikas

قاشق چایخوری

teelusikas

دستمال سفره

salvrätik

لیوان

klaas

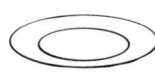

بشقاب

taldrik

بشقاب سوپخوری

supitaldrik

نعلبکی

alustass

سس

kaste

نمکدان

soolatoos

فلفل ساب

pipraveski

سرکه

äädikas

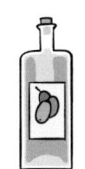

روغن خوراکی

õli

ادویه جات

vürtsid

سس کچاپ

ketšup

سس خردل

sinep

سس مایونز

majonees

سوپرمارکت

supermarket

پیشنهاد ویژه
eripakkumine
FOR
مشتری
klient
لبنیات
piimatooted
میوه جات
puuviljad
چرخ دستی خرید
ostukäru

قصابی
lihapood

نانوایی
pagariäri

وزن کردن
kaaluma

سبزیجات
köögiviljad

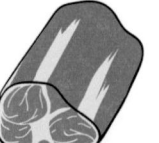

گوشت
liha

غذای منجمد
külmutatud toit

مخلوطی از انواع کالباس یا پنیر ک
ورقه ای بریده شده باشند

lihalõigud

غذای کنسروی

konservid

پودر لباسشویی

pesupulber

شیرینی جات

maiustused

لوازم خانگی

majatarbed

ماده شوینده و پاک کننده

puhastustooted

فروشنده

müüja

صندوق پرداخت

kassaaparaat

صندوقدار

kassapidaja

لیست خرید

ostunimekiri

ساعات کار

lahtiolekuajad

کیف پول

rahakott

کارت اعتباری

krediitkaart

کیف

kott

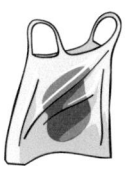

کیسه ی پلاستیکی

kilekott

نوشیدنی ها

joogid

آب

vesi

آبمیوه

mahl

شیر

piim

نوشابه کوکاکولا

koola

شراب

vein

آبجو

õlu

الکل

alkohol

کاکائو

kakao

چای

tee

قهوه

kohv

قهوه اسپرسو

espresso

کاپوچینو

cappuccino

غذا

toit

موز

banaan

سیب

õun

پرتقال

apelsin

انواع هندوانه و خربزه

arbuus

لیمو

sidrun

هویج

porgand

سیر

küüslauk

نی بامبو

bambus

پیاز

sibul

قارچ

seen

آجیل

pähklid

ماکارونی

nuudlid

اسپاگتی

spagetid

برنج

riis

سالاد

salat

سیب زمینی سرخ کرده

friikartulid

سیب زمینی سرخ شده

praekartulid

پیتزا

pitsa

همبرگر

hamburger

ساندویچ

võileib

شنیتسل

šnitsel

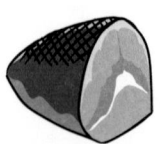

ژامبون خوک

sink

سالامی

salaami

سوسیس

vorst

مرغ

kana

نوعی گوشت سرخ شده

praeliha

ماهی

kala

جوی پرک شده

kaerahelbed

نوعی صبحانه مخلوطی از برگه ذرت و
میوه های خشک شده و خشکبار که
معمولا با شیر خورده می شود

müsli

کورن‌فلکس

maisihelbed

آرد

jahu

کرواسان

sarvesai

نان بروتشن

kukkel

نان

leib

نان تست

röstsai

بیسکویت

küpsised

کره

või

کشک

kohupiim

کیک

kook

تخم مرغ

muna

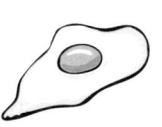

تخم مرغ نیمرو

praemuna

پنیر

juust

بستنی

jäätis

شکر

suhkur

عسل

mesi

مربا

moos

کرم شکلاتی بادامی

pähklivõie

ادویه کاری

karri

مزرعه

talu

خانه ی مزرعه داران
talumaja
انبار غله
laut
heinapall
مزرعه
põld
اسب
hobune
ماشین یدک کش
järelkäru
کره اسب
varss
تراکتور
traktor
خر
eesel
گوسفند
lammas
بره
lambatall

بز

kits

گاو ماده

lehm

گوساله

vasikas

خوک

siga

بچه خوک

põrsas

گاو نر

pull

مزرعه - talu

غاز

hani

اردک

part

جوجه

tibu

مرغ

kana

خروس

kukk

موش صحرایی

rott

گربه

kass

موش

hiir

گاو نر اخته

härg

سگ

koer

لانه ی سگ

koerakuut

شلنگ باغبانی

aiavoolik

آبپاش

kastekann

داس دسته بلند

vikat

گاوآهن

ader

داس

sirp

کج بیل

kõblas

چنگک باغبانی

hang

تبر

kirves

فرقون

käru

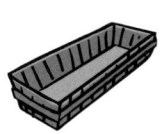

آبشخور

küna

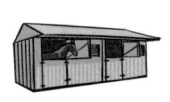

بطری نگهداری شیر

piimanõu

کیسه

kott

حصار

tara

اصطبل

tall

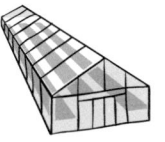

گلخانه

kasvuhoone

خاک

muld

بذر

seeme

کود

väetis

ماشین کمباین

kombain

برداشت کردن محصول

saaki koristama

محصول

saagikoristus

تمیس

jamss

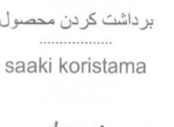

گندم

nisu

سویا

soja

سیب زمینی

kartul

ذرت

mais

کلزا

raps

درخت میوه

viljapuu

گیاه مانیوک

maniokk

غلات

teravili

خانه
maja

دودکش
korsten
پشت بام
katus
ناودان
vihmaveetoru
پنجره
aken
گاراژ
garaaž
زنگ در
uksekell
در
uks
سطل آشغال
prügikast
صندوق مراسلات
postkast
باغ
aed

اتاق نشیمن

elutuba

حمام

vannituba

آشپزخانه

köök

اتاق خواب

magamistuba

اتاق بچه

lastetuba

ناهارخوری

söögituba

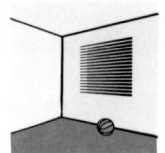

كف زمين

põrand

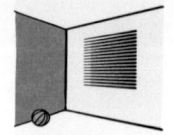

ديوار

sein

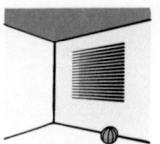

سقف

lagi

زيرزمين

kelder

سونا

saun

بالكن

rõdu

تراس

terrass

استخر

bassein

ماشين چمن‌زنى

muruniiduk

ملافه

voodilina

روتختى

päevatekk

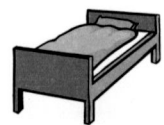

تخت خواب

voodi

جارو

luud

سطل

ämber

سويچ يا كليد

lüliti

اتاق نشیمن

elutuba

کاغذ دیواری
tapeet
عکس
pilt
لامپ
lamp
قفسه
riiul
کابینت
kapp
تلویزیون
televiisor
شومینه
kamin
گل
lill
کوسن
padi
کاناپه
diivan
گلدان
vaas
کنترل تلویزیون و ویدئو و غیره
kaugjuhtimispult

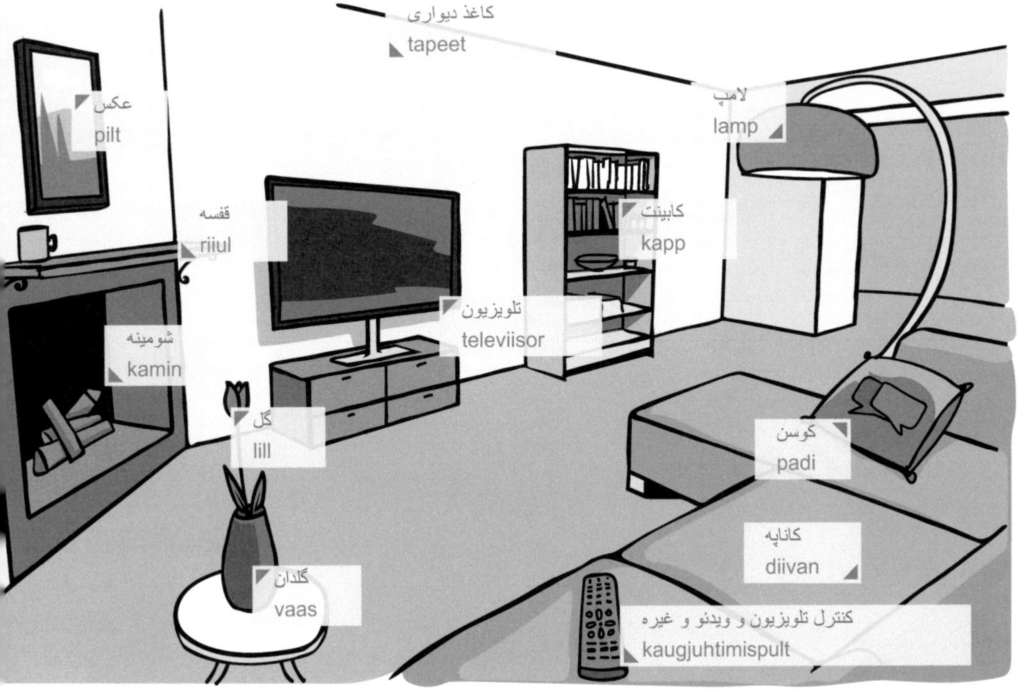

فرش

vaip

پرده

kardin

میز

laud

صندلی

tool

صندلی گهواره ایی

kiiktool

صندلی راحتی

tugitool

كتاب

raamat

لحاف

tekk

دكوراسيون

kaunistus

هيزم

küttepuud

فيلم

film

دستگاه ضبط صوت

helisüsteem

كليد

võti

روزنامه

ajaleht

تابلو نقاشى

maal

پوستر

plakat

راديو

raadio

دفترچه يادداشت

märkmik

جاروبرقى

tolmuimeja

كاكتوس

kaktus

شمع

küünal

آشپزخانه

köök

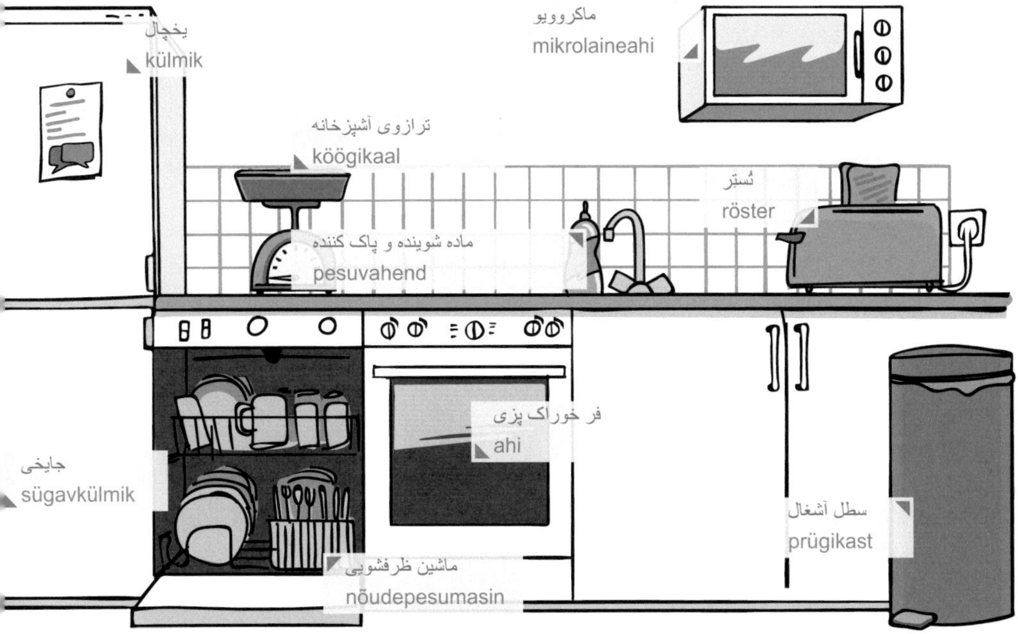

یخچال
külmik
ماکروویو
mikrolaineahi
ترازوی آشپزخانه
köögikaal
تُستِر
röster
ماده شوینده و پاک کننده
pesuvahend
فر خوراک پزی
ahi
جایخی
sügavkülmik
سطل آشغال
prügikast
ماشین ظرفشویی
nõudepesumasin

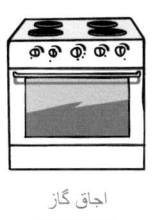

اجاق گاز

pliit

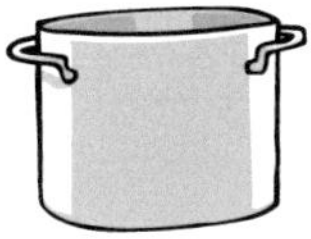

قابلمه

pott

قابلمه چدنی

malmpott

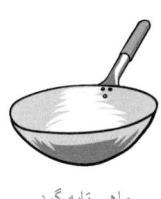

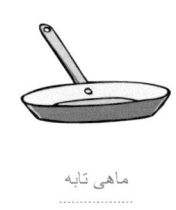

ماهی تابه گود

vokkpann

ماهی تابه

pann

کتری

veekeetja

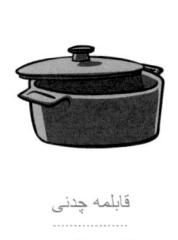

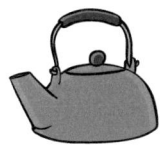

بخارپز

aurutaja

سینی فر

küpsetusplaat

ظرف چینی آشپزخانه

lauanõud

لیوان

kruus

كاسه

kauss

چاپستیک

söögipulgad

ملاقه

kulp

كفگیر

pannilabidas

همزن

vispel

آبكش

kurn

آبكش

sõel

رنده

riiv

هاون

uhmer

باربیکیو

grill

محل مخصوص افروختن آتش

lahtine tuli

تخته گوشت و سبزی

lõikelaud

وردنه

tainarull

در بطری بازکن

korgitser

قوطی

konservipurk

در قوطی بازکن

konserviavaja

دستگیره پارچه ای

pajakinnas

سینک ظرفشویی

kraanikauss

برس گردگیری

hari

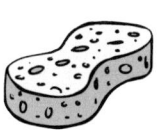

اسفنج

pesukäsn

مخلوط کن

kannmikser

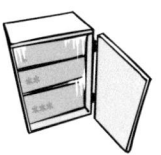

فریزر

sügavkülmuti

شیشه شیر بچه

lutipudel

شیر آب

segisti

حمام
vannituba

بخاری
küte
حوله
käterätik
دوش
dušš
پرده ی حمام
dušikardin
حمام کف
mullivann
وان حمام
vann
لیوان
klaas
ماشین لباسشویی
pesumasin
شیر آب
segisti
کاشی
plaadid
لگن دستشویی کودکان
pissipott
سینک ظرفشویی
kraanikauss

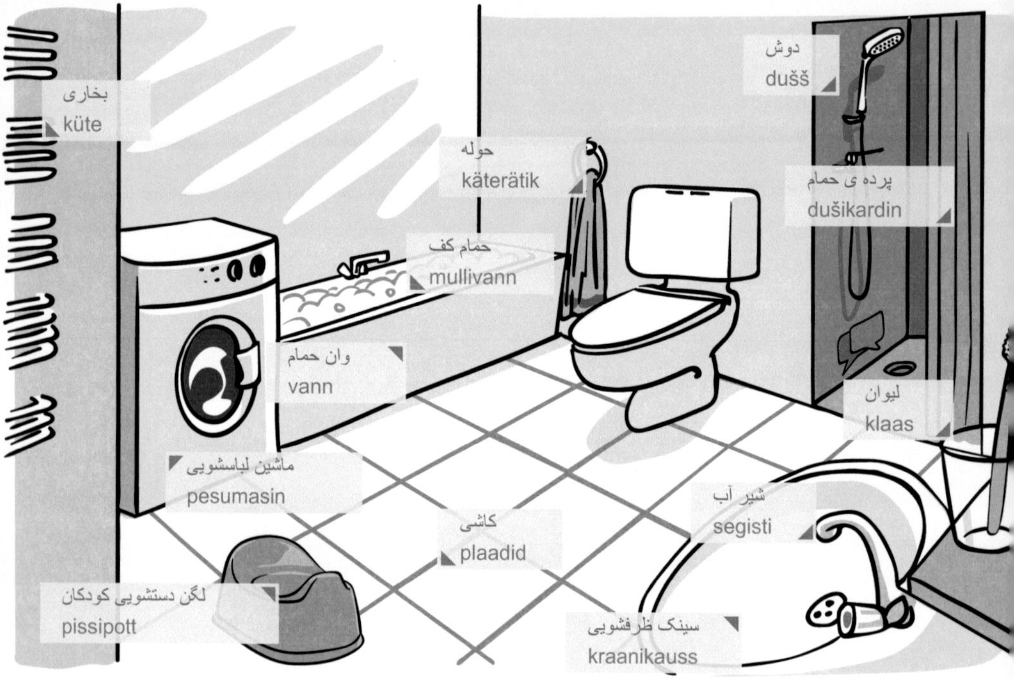

توالت

WC-pott

توالت ایرانی

kükitamistualett

کاسه توالت

bidee

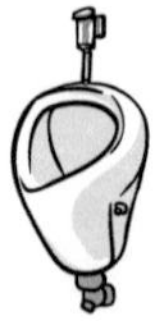

توالت مخصوص آقایان

pissuaar

دستمال توالت

tualettpaber

فرچه توالت

WC-hari

مسواک

hambahari

خمیردندان

hambapasta

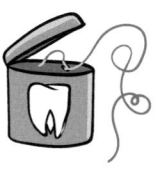

نخ دندان

hambaniit

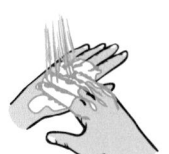

شستن

pesema

دوش آب تلفنی

käsidušš

شلنگ توالت

intiimdušš

لگن روشویی

pesukauss

برس شست و شوی پشت

seljahari

صابون

seep

شامپو بدن

dušigeel

شامپو

šampoon

لیف حمام

vamm

راه آب

äravool

کرم

kreem

اسپری دئودورانت

deodorant

آيينه

peegel

آيينه ى كوچک دستى

käsipeegel

تيغ ريش تراشى

habemenuga

كف ريش تراشى

raseerimisvaht

افترشيو

habemevesi

شانه ى سر

kamm

برس

hari

سشوار

föön

اسپرى مو

juukselakk

آرايش

meigikomplekt

رژلب

huulepulk

لاک ناخن

küünelakk

پنبه

vatt

قيچى ناخن

küünekäärid

عطر

parfüüm

کیف لوازم آرایشی و بهداشتی

tualett-tarvete kott

چهارپایه

taburet

ترازو

kaal

حوله ی پالتویی

hommikumantel

دستکش ظرفشویی

kummikindad

تامپون

tampoon

نوار بهداشتی

hügieeniside

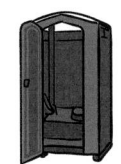

توالت سیار

keemiline tualett

اتاق بچه

lastetuba

ساعت زنگدار
äratuskell
نوعی عروسک نرم به شکل حیوانات
pehme mänguasi
ماشین اسباب بازی
mänguauto
جغجغه
kõristi
خانه ی عروسکی
nukumaja
کادو
kingitus

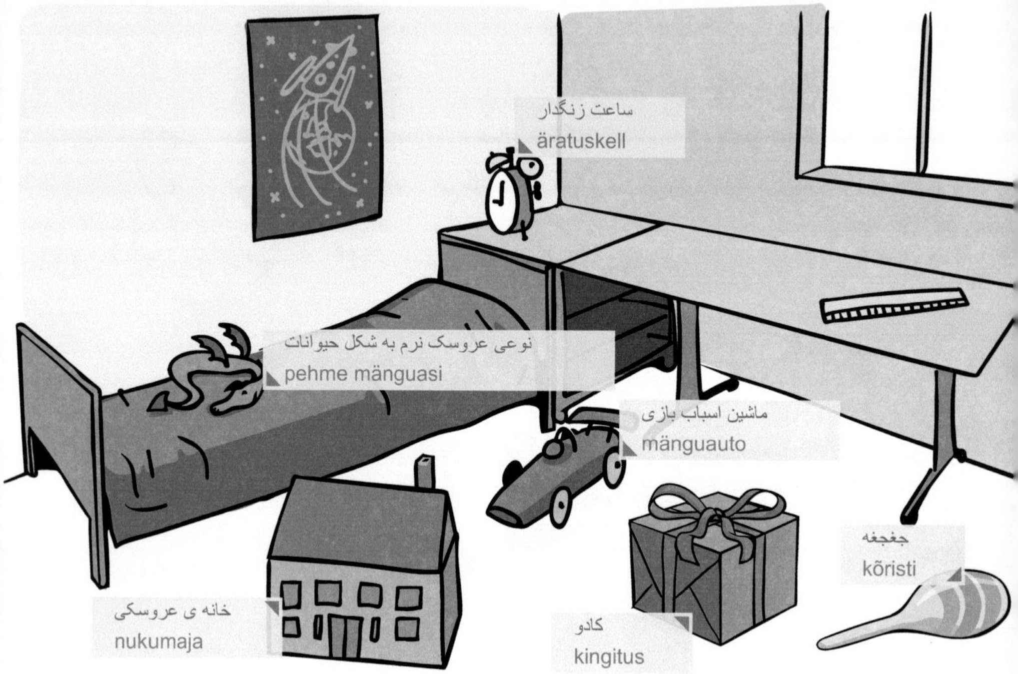

بادکنک

õhupall

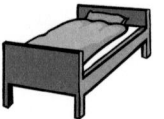

تخت خواب

voodi

کالسکه بچه

lapsevanker

بازی ورق

kaardipakk

پازل

pusle

داستان مصور

koomiks

اسباب بازی لگو

Lego klotsid

خانه سازی

klotsid

عروسک شخصیت های فیلم و کارتون

kujuke

لباس نوزاد

siputuspüksid

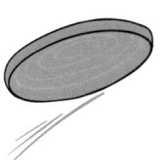

فریزبی

lendav taldrik

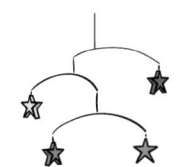

نوعی اسباب بازی که روی تخت نوزاد
یا کودک نصب می شود

voodikarussell

بازی روی صفحه

lauamäng

تاس

täringud

قطار اسباب بازی

mudelrong

پستانک

lutt

مهمانی

pidu

کتاب مصور

pildiraamat

توپ

pall

عروسک

nukk

بازی کردن

mängima

جعبه شنی مخصوص بازی کودکان

liivakast

تاب

kiik

اسباب بازی

mänguasjad

کنسول بازی های کامپیوتری

mängukonsool

سه چرخه

kolmerattaline jalgratas

خرس عروسکی

mängukaru

کمد لباس

riidekapp

لباس
riietus

جوراب

sokid

جوراب زنانه ساق بلند

sukad

جوراب شلواری

sukkpüksid

شال
sall

کمربند
vöö

چتر
vihmavari

تی شرت
T-särk

کفش ورزشی کتانی
tossud

پوتین
saapad

دمپایی
sussid

صندل
....
sandaalid

کفش
....
jalatsid

چکمه پلاستیکی
....
kummikud

شرت
....
aluspüksid

سوتین
....
rinnahoidja

جلیقه
....
vest

بادی

bodi

شلوار

püksid

جین

teksapüksid

دامن

seelik

بلوز

pluus

پیراهن

särk

پولیور

sviiter

سویی شرت

dressipluus

نوعی کت

bleiser

ژاکت

jakk

کت بلند

mantel

بارانی

vihmamantel

لباس نمایش

kostüüm

لباس

kleit

لباس عروس

pulmakleit

کت و شلوار

ülikond

لباس خواب زنانه

öösärk

پیژامه

pidžaama

ساری

sari

روسری

pearätt

عمامه

turban

برقع

burka

قبا

kaftan

عبا

abayah

لباس شنا

ujumistrikoo

شرت شنا

ujumispüksid

شلوارک

lühikesed püksid

لباس ورزشی

dressid

پیشبند

põll

دستکش

kindad

دكمه

nööp

عینک

prillid

دستبند

käevõru

گردنبند

kaelakee

انگشتر

sõrmus

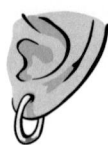

گوشواره

kõrvarõngas

کلاه لبه دار

nokamüts

چوب لباسی

riidepuu

کلاه

kaabu

کراوات

lips

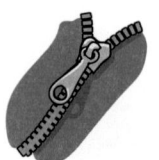

زیپ

tõmblukk

کلاه ایمنی

kiiver

بند شلوار

traksid

لباس مدرسه

koolivorm

لباس فرم

vormirõivad

پیش بند بچه

pudipõll

پستانک

lutt

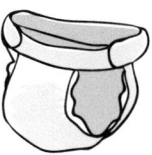

پوشک بچه

mähe

اداره

kontor

سرور
server
کمد نگهداری پرونده
arhiivikapp
چاپگر
printer
کاغذ
paber
مانیتور
monitor
ماوس
hiir
میز تحریر
kirjutuslaud
زونکن
kaust
صفحه کلید
klaviatuur
صندلی
tool
سبد کاغذ باطله
paberikorv
کامپیوتر
arvuti

لیوان قهوه

kohvikruus

ماشین حساب

kalkulaator

اینترنت

internet

لپ تاپ

sülearvuti

نامه

kiri

پیغام

sõnum

تلفن همراه

mobiiltelefon

شبکه ی ارتباطی

võrk

دستگاه فتوکپی

koopiamasin

نرم افزار

tarkvara

تلفن

telefon

پریز

pistikupesa

دستگاه فاکس

faksimasin

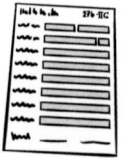

فرم

vorm

مدرک

dokument

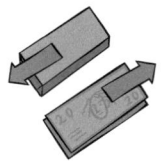

خریدن

ostma

پرداخت کردن

maksma

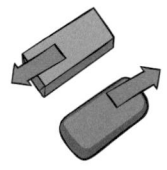

تجارت کردن

vahetama

پول

raha

دلار

dollar

یورو

euro

ین

jeen

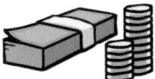

روبل

rubla

فرانک سوئیس

Šveitsi frank

یوان رنمینبی

renminbi jüaan

روپیه

ruupia

دستگاه خودپرداز

sularahaautomaat

صرافى

valuutavahetuspunkt

طلا

kuld

نقره

hõbe

نفت

nafta

انرژى

energia

قیمت

hind

قرارداد

leping

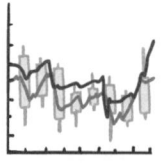

مالیات

maks

سهام سرمایه

aktsia

كار كردن

töötama

كارمند

töötaja

كارفرما

tööandja

كارخانه

tehas

مغازه

kauplus

مشاغل

ametid

مامور پلیس
politseinik
آتش نشان
tuletõrjuja
آشپز
kokk
دکتر
arst
خلبان
piloot

باغبان

aednik

نجار

puusepp

خیاط زنانه

õmbleja

قاضی

kohtunik

شیمیدان

keemik

بازیگر

näitleja

راننده اتوبوس

bussijuht

راننده تاکسی

taksojuht

ماهیگیر

kalamees

نظافتچی زن

koristaja

سقف ساز

katusepaigaldaja

پیشخدمت رستوران

kelner

شکارچی

jahimees

نقاش

maaler

نانوا

pagar

برقکار

elektrik

کارگر ساختمانی

ehitaja

مهندس

insener

قصاب

lihunik

لوله کش

torumees

پستچی

postiljon

سرباز

sõdur

معمار

arhitekt

صندوقدار

kassapidaja

گل فروش

lillemüüja

آرایشگر

juuksur

مامور کنترل بلیط در قطار

piletikontrolör

مکانیک

mehaanik

ناخدا

kapten

دندانپزشک

hambaarst

دانشمند

teadlane

عالم یهودی

rabi

امام

imaam

راهب

munk

کشیش

preester

ابزارآلات
tööriistad

چکش
haamer
انبردست
tangid
پیچ گوشتی
kruvikeeraja
آچار
mutrivõti
چراغ قوه
taskulamp

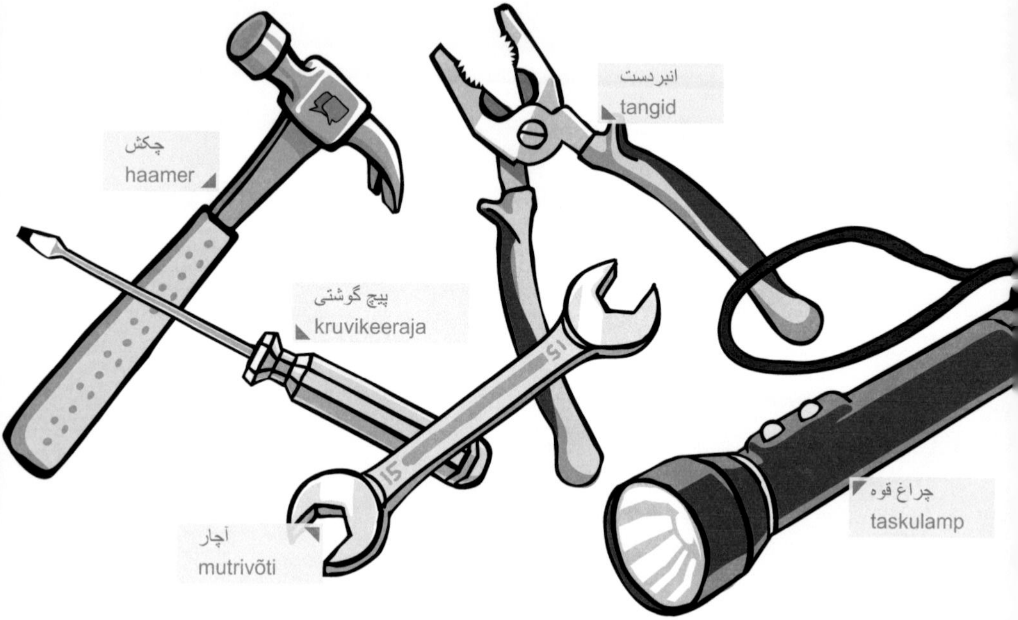

بیل مکانیکی
ekskavaator

جعبه ابزار
tööriistakast

نردبان
redel

ارّه
saag

میخ
naelad

مته
trell

تعمیر کردن

parandama

بیل

labidas

لعنتی!

Põrgusse!

خاک انداز

kühvel

سطل رنگرزی

värvipott

پیچ

kruvid

آلات موسیقی
pillid

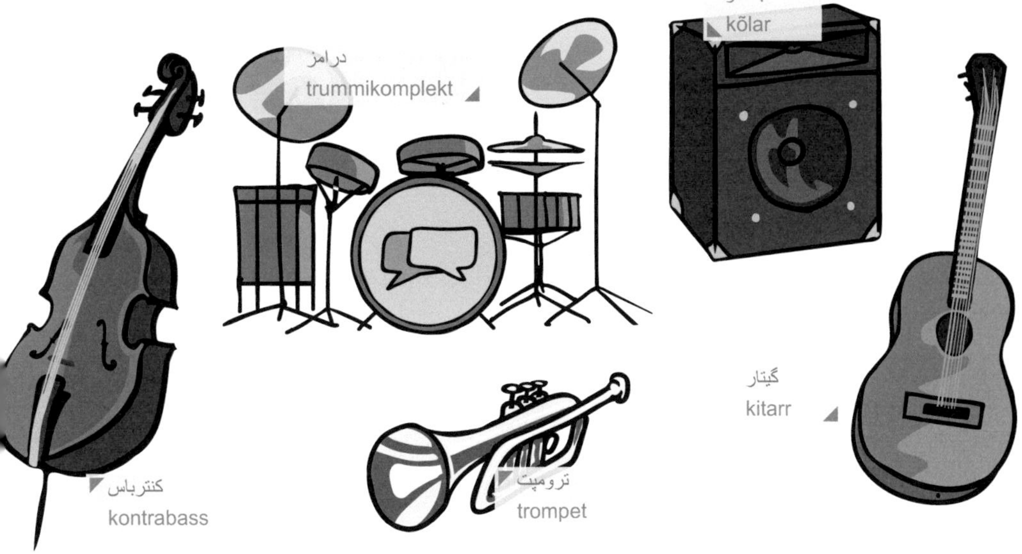

بلندگو
kõlar

درامز
trummikomplekt

گیتار
kitarr

کنترباس
kontrabass

ترومپت
trompet

پیانو

klaver

ویولن

viiul

گیتار بیس

bass

تیمپانی

timpan

طبل

trummid

کیبورد الکتریک

süntesaator

ساکسیفون

saksofon

فلوت

flööt

میکروفون

mikrofon

loomaaed

ببر
tiiger
ورودی
sissepääs
قفس
puur
گورخر
sebra
خوراک حیوانات
loomasööt
خرس پاندا
panda

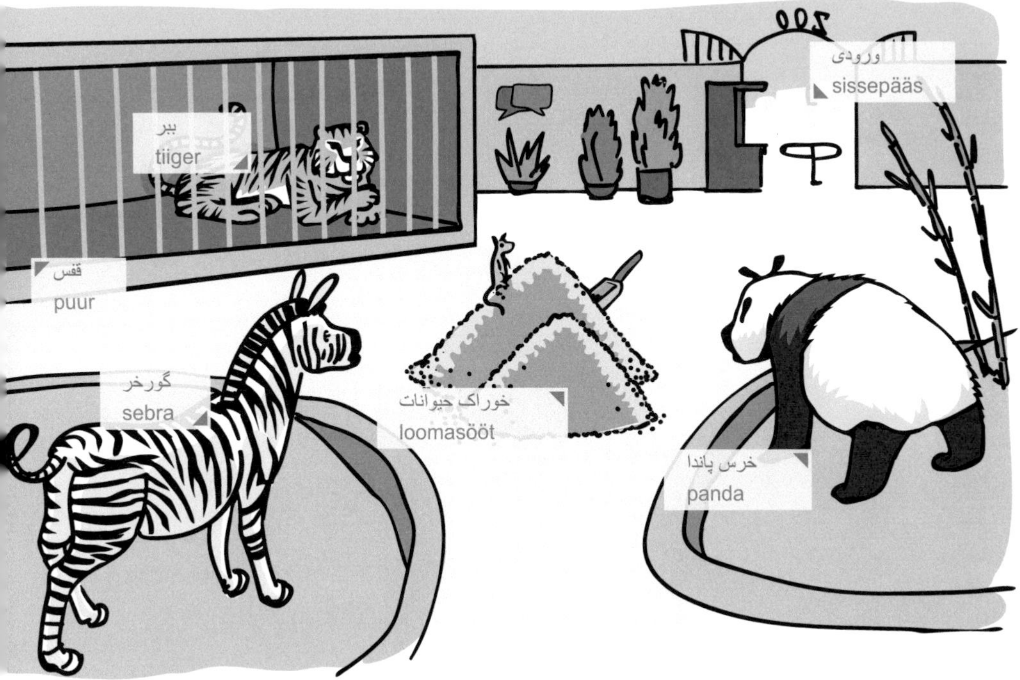

حیوانات

loomad

فیل

elevant

کانگورو

känguru

کرگدن

ninasarvik

گوریل

gorilla

خرس

karu

شتر

kaamel

شترمرغ

jaanalind

شیر

lõvi

میمون

ahv

فلامینگو

flamingo

طوطی

papagoi

خرس قطبی

jääkaru

پنگوئن

pingviin

کوسه

hai

طاووس

paabulind

مار

madu

تمساح

krokodill

نگهبان باغ وحش

loomaaiatalitaja

خوک آبی

hüljes

پلنگ امریکایی

jaaguar

اسب کوچک

poni

پلنگ

leopard

اسب آبی

jõehobu

زرافه

kaelkirjak

عقاب

kotkas

گراز

metssiga

ماهی

kala

لاک پشت

kilpkonn

شیرماهی

morsk

روباه

rebane

غزال

gasell

ورزش ها

sport

فوتبال آمریکایی
Ameerika jalgpall
دوچرخه سواری
jalgrattasõit
تنیس
tennis
بسکتبال
korvpall
شنا
ujumine
هاکی روی یخ
jäähoki
بوکس
poksimine

فوتبال

jalgpall

بدمینتون

sulgpall

دوومیدانی

kergejõustik

هندبال

käsipall

اسکی

suusatamine

پولو

polo

فعالیت ها
tegevused

خندیدن
naerma
پریدن
hüppama
بغل کردن
kallistama
راه رفتن
jalutama
آواز خواندن
laulma
رؤیا دیدن
unistama
دعا کردن
palvetama
بوسیدن
suudlema

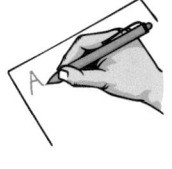

نوشتن

kirjutama

رسم کردن

joonistama

نشان دادن

näitama

هل دادن

lükkama

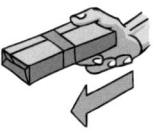

دادن

andma

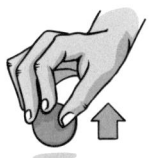

برداشتن

võtma

داشتن

omama

انجام دادن

tegema

بودن

olema

ایستادن

seisma

دویدن

jooksma

کشیدن

tõmbama

پرتاب کردن

viskama

افتادن

kukkuma

دراز کشیدن

lamama

منتظر بودن

ootama

حمل کردن

kandma

نشستن

istuma

لباس پوشیدن

riidesse panema

خوابیدن

magama

بیدار شدن

ärkama

تماشا کردن

vaatama

گریه کردن

nutma

نوازش کردن

paitama

شانه کردن

kammima

حرف زدن

rääkima

فهمیدن

aru saama

پرسیدن

küsima

شنیدن

kuulama

آشامیدن

jooma

خوردن

sööma

مرتب کردن

korrastama

عاشق بودن

armastama

پختن

süüa tegema

رانندگی کردن

sõitma

پرواز کردن

lendama

قایقرانی کردن

purjetama

محاسبه کردن

arvutama

خواندن

lugema

یاد گرفتن

õppima

کار کردن

töötama

ازدواج کردن

abielluma

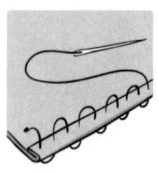

دوختن

õmblema

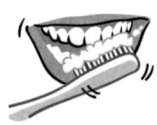

مسواک زدن

hambaid pesema

کشتن

tapma

سیگار کشیدن

suitsetama

فرستادن

saatma

خانواده

perekond

مادربزرگ
vanaema
پدربزرگ
vanaisa
پدر
isa
مادر
ema
کودک
imik
فرزند دختر
tütar
فرزند پسر
poeg

مهمان

külaline

خاله، عمه

tädi

دایی، عمو

onu

برادر

vend

خواهر

õde

بدن

keha

پیشانی
otsmik
چشم
silm
شانه
õlg
انگشت دست
sõrm
صورت
nägu
چانه
lõug
دست
käsi
سینه
rind
ساق پا
jalg
بازو
käsivars

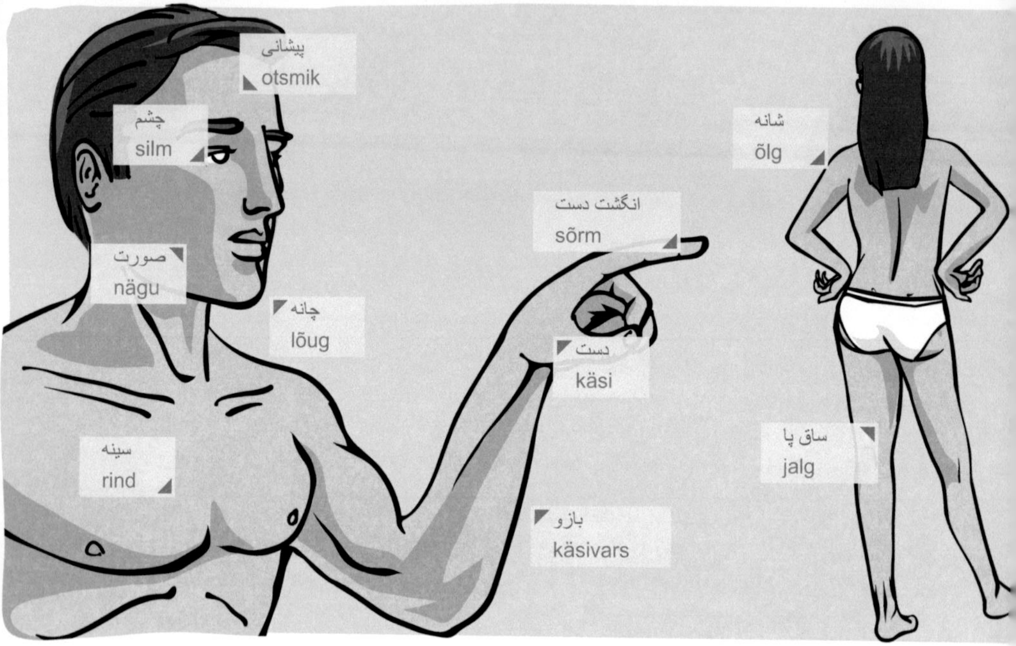

کودک

imik

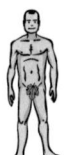

مرد

mees

زن

naine

دختربچه

tüdruk

پسربچه

poiss

کله

pea

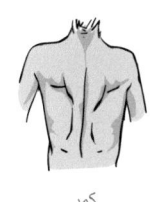

کمر

selg

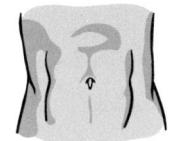

شکم

kõht

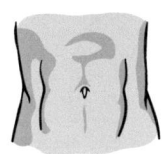

ناف

naba

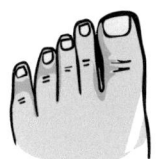

انگشت پا

varvas

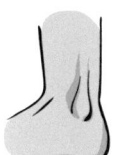

پاشنه

kand

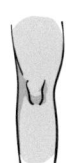

استخوان

luu

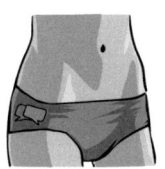

لگن

puus

زانو

põlv

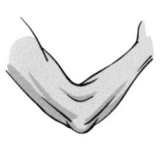

آرنج

küünarnukk

بینی

nina

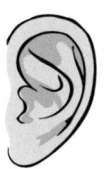

نشیمنگاه

tagumik

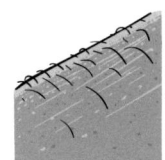

پوست

nahk

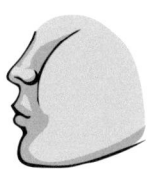

گونه

põsk

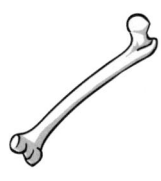

گوش

kõrv

لب

huuled

دهان

suu

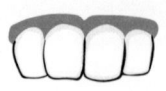

دندان

hammas

زبان

keel

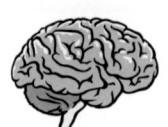

مغز

aju

قلب

süda

عضله

lihas

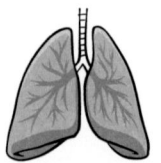

ریه

kops

کبد

maks

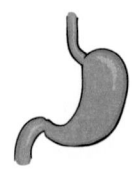

معده

magu

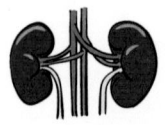

کلیه

neerud

آمیزش جنسی

seksuaalvahekord

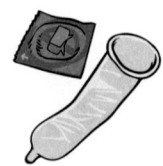

کاندوم

kondoom

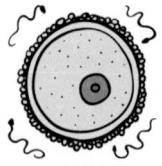

تخمک

munarakk

اسپرم

sperma

حاملگی

rasedus

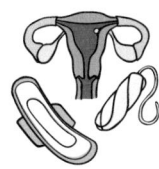

پریود

menstruatsioon

واژن

vagiina

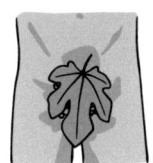

آلت تناسلی مرد

peenis

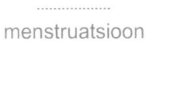

ابرو

kulm

مو

juuksed

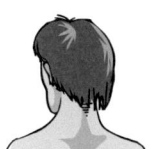

گردن

kael

بیمارستان
haigla

آمبولانس
kiirabi
صندلی چرخ دار
ratastool
شکستگی
luumurd

دکتر

arst

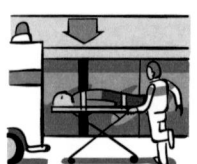

بخش اورژانس

traumapunkt

پرستار

meditsiiniõde

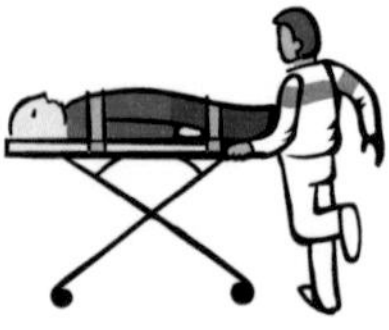

موقعیت اضطراری

hädaolukord

بی هوش

teadvuseta

درد

valu

مصدومیت

vigastus

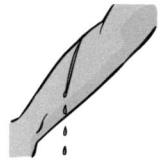

خونریزی

verejooks

سکته قلبی

südamerabandus

سکته مغزی

insult

آلرژی

allergia

سرفه

köha

تب

palavik

آنفولانزا

gripp

اسهال

kõhulahtisus

سردرد

peavalu

سرطان

vähk

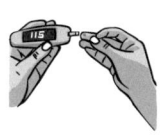

دیابت

diabeet

جراح

kirurg

چاقوی جراحی

skalpell

عمل جراحی

operatsioon

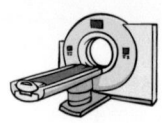

سی تی اسکن
KT

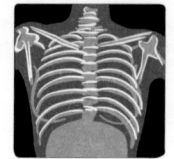

پرتونگاری
röntgen

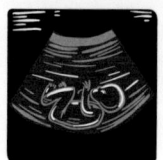

سونوگرافی
ultraheli

ماسک صورت
mask

بیماری
haigus

اتاق انتظار
ooteruum

چوب زیر بغل
kark

چسب زخم
kips

پانسمان
side

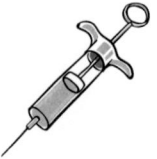

تزریق
süst

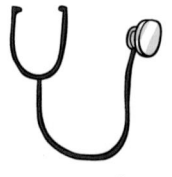

گوشی طبی
stetoskoop

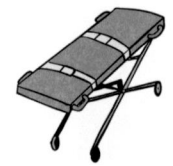

برانکار
kanderaam

دماسنج
kraadiklaas

زایش
sünd

اضافه وزن
ülekaaluline

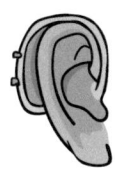

سمعک

kuuldeaparaat

ماده ضد غفونی کننده

desinfektsioonivahend

عفونت

põletik

ویروس

viirus

اچ آی وی / ایدز

HIV / AIDS

دارو

meditsiin

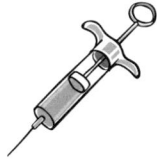

واکسیناسیون

vaktsineerimine

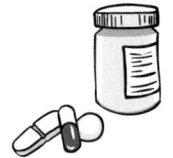

قرص

tabletid

قرص ضد حاملگی

pill

تماس اظطراری

hädaabikõne

دستگاه اندازه گیری فشارخون

vererõhuaparaat

مریض / سالم

haige / terve

موقعیت اضطراری

hädaolukord

کمک!

Appi!

آژیر خطر

häire

حمله

kallaletung

حمله ی فیزیکی

rünnak

خطر

oht

خروج اظطراری

avariiväljapääs

آتش

Tulekahju!

کپسول آتش‌نشانی

tulekustuti

تصادف

õnnetus

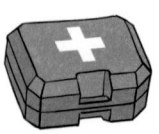

جعبه کمک های اولیه

esmaabikomplekt

درخواست کمک

SOS

پلیس

politsei

اروپا

Euroopa

آمریکای شمالی

Põhja-Ameerika

آمریکای جنوبی

Lõuna-Ameerika

آفریقا

Aafrika

آسیا

Aasia

استرالیا

Austraalia

اقیا نوس اطلس

Atlandi ookean

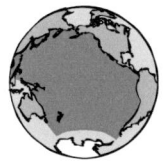

اقیانوس آرام

Vaikne ookean

اقیانوس هند

India ookean

اقیا نوس اطلس جنوبی

Lõuna-Jäämeri

اقیانوس منجمد شمالی

Põhja-Jäämeri

قطب شمال

põhjapoolus

قطب جنوب

lõunapoolus

قاره قطب جنوب

Antarktika

كره زمين

Maa

سرزمين

maismaa

دريا

meri

جزيره

saar

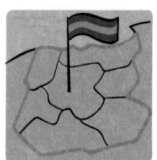

ملت

rahvus

كشور

riik

ساعت
kell

صفحه ی ساعت
....
sihverplaat

ساعت شمار
....
tunniosuti

دقیقه شمار
....
minutiosuti

ثانیه شمار
....
sekundiosuti

ساعت چند است؟
....
Mis kell on?

روز
....
päev

زمان
....
aeg

اکنون
....
praegu

ساعت دیجیتال
....
digitaalne kell

دقیقه
....
minut

ساعت
....
tund

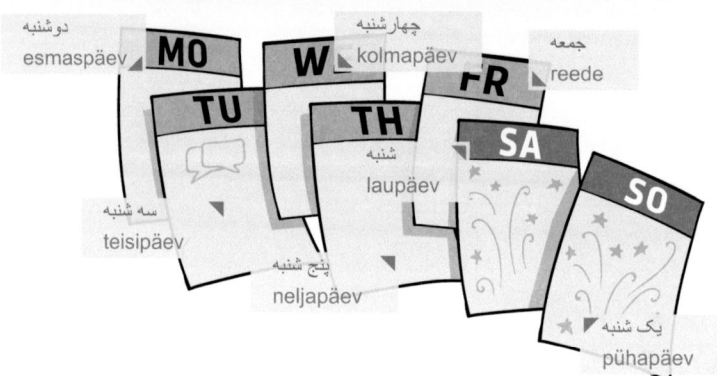

هفته

nädal

دوشنبه
esmaspäev
سه شنبه
teisipäev
چهارشنبه
kolmapäev
پنج شنبه
neljapäev
جمعه
reede
شنبه
laupäev
یک شنبه
pühapäev

دیروز

eile

امروز

täna

فردا

homme

صبح

hommik

ظهر

lõuna

غروب

õhtu

روزهای کاری

tööpäevad

آخر هفته

nädalavahetus

سال
aasta

باران
vihm
رنگین کمان
vikerkaar
باد
tuul
برف
lumi
بهار
kevad
تابستان
suvi
پاییز
sügis
زمستان
talv

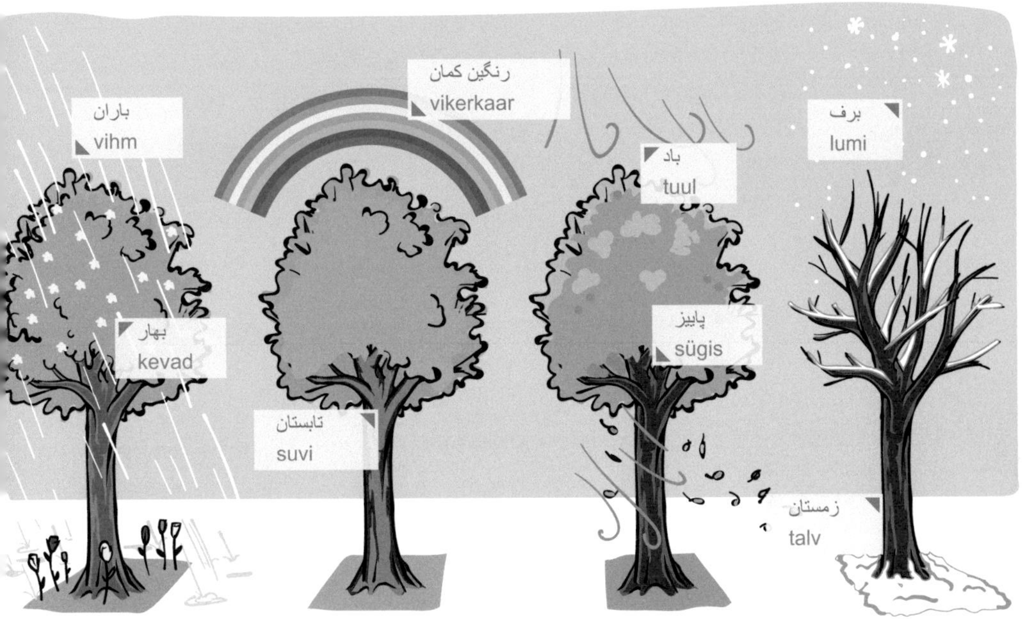

پیش‌بینی اوضاع جوی
....
ilmaennustus

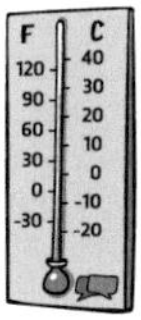

دماسنج
....
termomeeter

تابش آفتاب
....
päikesepaiste

ابر
....
pilv

مه
....
udu

رطوبت هوا
....
niiskus

صاعقه

pikne

آسمان غره

kõu

طوفان

torm

تگرگ

rahe

باد موسمی

mussoon

سیل

üleujutus

یخ

jää

ژانویه

jaanuar

فوریه

veebruar

مارس

märts

آوریل

aprill

مه

mai

ژوئن

juuni

ژوئیه

juuli

آگوست

august

سپتامبر

september

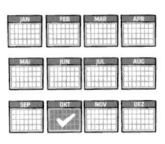

اکتبر

oktoober

نوامبر

november

دسامبر

detsember

آشکال

kujundid

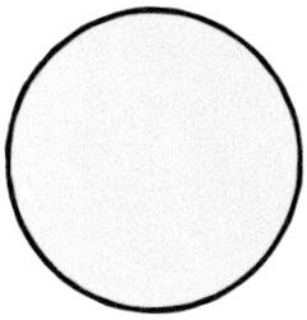

دایره

ring

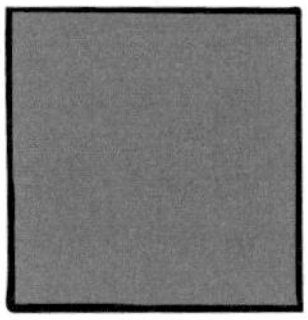

مربع

ruut

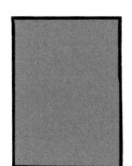

مستطیل

nelinurk

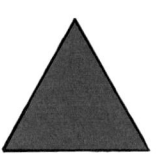

سه گوش

kolmnurk

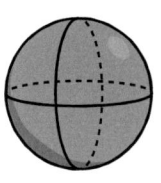

کره

kera

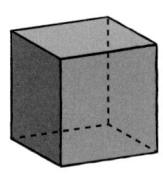

مکعب مربع

kuup

värvid

سفید

....

valge

زرد

....

kollane

نارنجی

....

oranž

صورتی

....

roosa

قرمز

....

punane

بنفش

....

lilla

آبی

....

sinine

سبز

....

roheline

قهوه ای

....

pruun

خاکستری

....

hall

سیاه

....

must

متضاد ها

vastandid

خیلی / کم

palju / vähe

خشمگین/ آرام

vihane / rahulik

زیبا / زشت

ilus / inetu

شروع / پایان

algus / lõpp

بزرگ / کوچک

suur / väike

روشن / تیره

hele / tume

برادر / خواهر

vend / õde

تمیز / آلوده

puhas / must

کامل / ناقص

täielik / puudulik

روز / شب

päev / öö

مرده / زنده

surnud / elus

پهن / باریک

lai / kitsas

قابل خوردن / غیر قابل خوردن

söödav / mittesöödav

غضبناک / مهربان

kuri / sõbralik

هیجان زده / بی حوصله

põnevil / tüdinud

چاق / لاغر

paks / peenike

اولین / آخرین

esimene / viimane

دوست / دشمن

sõber / vaenlane

پر / خالی

täis / tühi

سفت / نرم

kõva / pehme

سنگین / سبک

raske / kerge

گرسنگی / تشنگی

nälg / janu

مریض / سالم

haige / terve

غیرقانونی / قانونی

ebaseaduslik / seaduslik

باهوش / خنگ

tark / rumal

چپ / راست

vasak / parem

نزدیک / دور

lähedal / kaugel

نو / استفاده شده

uus / kasutatud

هیچ چیز / چیزی

mitte midagi / midagi

پیر / جوان

vana / noor

روشن / خاموش

sees / väljas

باز / بسته

lahti / kinni

آهسته / بلند

vaikne / vali

ثروتمند / فقیر

rikas / vaene

درست / غلط

õige / vale

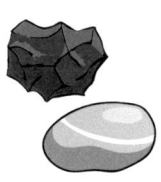

زبر / صاف

kare / sile

غمگین / خوشحال

kurb / rõõmus

کوتاه / بلند

lühike / pikk

کند / تند

aeglane / kiire

تَر / خشک

märg / kuiv

گرم / خنک

soe / jahe

جنگ / صلح

sõda / rahu

اعداد

numbrid

0

صفر

null

1

یک

üks

2

دو

kaks

3

سه

kolm

4

چهار

neli

5

پنج

viis

6

شش

kuus

7

هفت

seitse

8

هشت

kaheksa

9

نه

üheksa

10

دَه

kümme

11

یازده

üksteist

12
دوازده

kaksteist

13
سیزده

kolmteist

14
چهارده

neliteist

15
پانزده

viisteist

16
شانزده

kuusteist

17
هفده

seitseteist

18
هجده

kaheksateist

19
نوزده

üheksateist

20
بیست

kakskümmend

100
صد

sada

1.000
هزار

tuhat

1.000.000
میلیون

miljon

زبان ها

keeled

انگلیسی

inglise

انگلیسی آمریکایی

Ameerika inglise

چینی ماندارین

mandariini

هندی

hindi

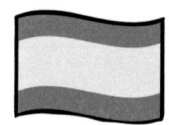

اسپانیایی

hispaania

فرانسوی

prantsuse

عربی

araabia

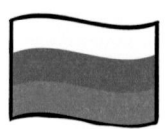

روسی

vene

پرتغالی

portugali

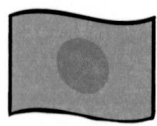

بنگالی

bengali

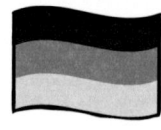

آلمانی

saksa

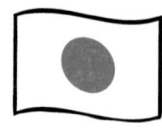

ژاپنی

jaapani

چه کسی / چه چیزی / چگونه
kes / mis / kuidas

من

mina

تو

sina

او

tema

ما

meie

شما

teie

آنها

nemad

چه کسی؟ کی؟

kes?

چی؟

mis?

چگونه؟

kuidas?

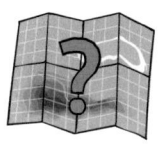

کجا؟

kus?

کی؟

millal?

نام

nimi

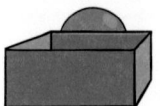

کجا

kus

پشت

taga

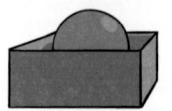

توی

sees

جلو

ees

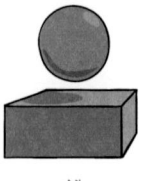

بالای

kohal

روی

peal

زیر

all

مجاور

kõrval

بین

vahel

مکان

koht